JN411604

횃불

장 봉 화 제3시집

시와사람

장봉화 제3시집

횃불

2022년 10월 20일 인쇄
2022년 10월 25일 발행

지은이 | 장 봉 화
펴낸이 | 강 경 호
인쇄·기획 | 도서출판 시와사람
등 록 | 1994년 6월 10일 제 05-01-0155호
주 소 | 광주시 동구 양림로119번길 21-1(학동)
전 화 | (062)224-5319
팩 스 | (062)225-5319
E-mail | jcapoet@hanmail.net

ISBN 978-89-5665-651-9 03810

값 10,000원

* 이 책은 동화건업((주) 대표 김기동)의 기부금과 광주문화재단
기부금 매칭 지원금으로 발간되었으며
판매액 전액을 천주교 광주대교구 사회복지회를 통하여
가난한 사람들을 위하여 쓰입니다.

횃불

시인의 말

꿈을 찾아 먼 길을 걸어와도
어디가 늪인지 어디가 길인지
아무도 말하지 않는다
나의 길 나만의 길을
사람과 자연 하느님과 더불어 가는 길은
즐겁고 쉬운 길
행복과 성공으로 이끈다

꿈속에서 누가 말했어요
시방 너는 시한부 인생이다
시한부 인생 아닌 사람 있는가.
생각하다가 꿈에서 깨어난다
영원히 살 것처럼 꿈꾸고
내일 죽을지도 모른다고 생각한다
얼마 남지 않은 인생살이
의미와 가치를 향하여 밀도 있게 살아간다

2022. 10.
장봉화

차례

1 횃불

2 밥은 먹었느냐

3 우리집 포도나무

4 자신을 향기롭게 세상을 향기롭게

1

횃불

문을 막으면 광장에 모이자
도깨비춤의 실체 밝혀라
꽃들에게 물을 달라
숨을 쉬게 하라
-「횃불」 중 일부

횃불

— 박관현 열사를 기리며

도깨비 떼 나타나 봄을 가로채며 길을 막는다

번쩍이는 칼과 차가운 총구를 앞 세우고
어둠이 짙게 깔리자
탕, 탕, 탕 광주의 심장에 총탄을 박는다

충장로, 금남로에서 횃불이 타오르고 촛불은 들불로 번진다

들풀은 꽃을 피우기 위해
가슴에 품은 열기로 불을 일으킨다

문을 막으면 광장에 모이자
도깨비춤의 실체 밝혀라
꽃들에게 물을 달라
숨을 쉬게 하라

곡기를 끊은 들풀은 삼천만 영혼을 꽃 피우고 영면으로 날아오른다

서른 해 동안 소명을 다 했으니 여한이 없다

도깨비 떼 방자하게 춤을 추어도
들풀은 횃불이 되어
촛불이 되어 활활 타오른다

빛이라는 존재

태초에 빛이 구름을 뚫고 지상으로 쏟아집니다
지상에는 나무와 풀이 자라고
사람들이 살아갑니다
빛은 인간의 지적 호기심과 감성을 자극합니다
과거와 현재와 미래의 눈꺼풀을 들어올립니다

예술은 색이 아닌 빛을 담는 과정이에요
본다는 것은 빛을 매개하여 전달되니까요
마주하는 얼굴과 눈에도 빛이 있고
주고받는 말에도 다양한 색깔의 빛이 있어요
현대 물리학도 빛의 비밀을 밝히려 하였고
철학과 종교에서도 빛은 늘 중심에 있으며
오늘도 다양한 영역에서 빛의 변주가 계속되고 있어요
과거로부터 달려온 별빛이 반짝이네요
빛을 볼 수 있는 눈을 가졌기에
망원경으로 우주를 관측하고
현미경으로 작은 세계를 들여다볼 수 있어요
색깔은 우리의 감성을 자극하고
예술가는 마음의 눈으로 본 빛을 작품에 담아요

빛은 어떤 존재일까요
본다는 것, 느낀다는 것은 어떤 의미일까요
다정한 눈빛이나 고운 말 한 마디가
사람이 살아가게 하는 빛이 됩니다

요술하는 큐알코드

네모난 흑백 마크에 휴대폰 대면
요술 걸지 않아도
찬란한 동백꽃이 기지개 켠다

봄의 왈츠가
동백 아가씨가 흘러나온다
태고 같은 풍경 속에서
기막힌 조화는 누가 부리는가

알라딘의 등잔 같은 2차원의 무늬

삼동을 물리친 후
처처에 동백꽃 활짝 피고
복사꽃 망울지자 산빛도 물빛도 은은해진다

윤기나는 초록 잎 사이로
점점이 붉은 홍채 띠다가
선혈을 뿌리듯 우수수 떨어진다
눈물 젖은 아가씨 가슴이 탄다

내부의 예선전이 더 치열하겠지만
가성비가 높으니 장수하리라

'암호화폐 사기 공격에도 큐알코드가 사용됩니다'
보안 침해는 피해갔는데 귀찮게 한다
도깨비에 홀렸어요
어찌해야 하나요

춤, 바람입니다

수많은 사람이 오가는 지하철
분주하게 청소하고 관리하며
역사와 내부 위생 책임지는 미화원들을
평균 나이 61세 할배 할매 아홉 명이
무용가 예효승과 함께한
10개월 간 연습으로
일상 속 행위를 표현합니다
낯선 움직임이 점차 익숙해지고
일상이 춤이 되어가는 과정을 들여다봅니다
EBS TV와
지하철 대형 TV를 통해 전파됩니다
전문 발레나 고전무용에서
느낀 감동보다 더 진한 향기가 진동합니다
높이 높이 떠올라
멀리멀리 날으는 바람이네요

미용실에서

기분 전환을 위해 머리 모양을 바꿉니다
원장님이 멋지게 꾸며 주겠다고 약속했어요
멋지게만 보인다면 어떤 서비스도 받고 싶지요
파마 염색 커트 가발 속눈썹 코털
마사지 메이크업 네일아트 페디큐어
하늘에 둥둥 떠다니는 기분이에요
환상적인 머리 모양이 나오기를 한껏 기대했지요
지지고 볶고 싹둑 잘라내면 해방감에 도취되고
마사지를 받으면 자르르 윤기가 흐르겠지요
눈을 감고 잠시 후, 머리가 완성되었어요
기쁨의 순간은 잠깐,
다른 사람과 비교하여 멋 좀 내보려 했지만
머릿속과 마음의 무늬는 감출 수 없었어요
저녁놀이 간절한 마음으로 빛나는 것처럼
이제 와 깨달은 것은 외모를 꾸미는 것보다
내면에서 나오는 은은한 빛이 향기롭다는 것입니다

반복의 기적

단순한 활동을 반복하면 지루하지만
의미를 알면 기적이 일어나요

아이는 수만 번 넘어지다가 일어서고 걷고
자전거를 굴릴 수 있지요
헤아릴 수 없는 반복으로
학습하는 것이니 충분한 시간을 주어야지요

모든 일이 잘 될 거야
이해한 후 복습하면 공부는 참 쉬어요
이해하고 반복하면 어렵지 않게 춤을 추고
부드러운 선 비슷한 색 반복하면 그림도 리듬감이 살아나요

쿵작쿵작 박자감 즐거운 여행 연상시키고
교향곡도 처음부터 끝까지 반복되는 주조음
고조하고 애잔함과 허전함이 강하게 묻어나지요

반복적인 수련으로 심신을 강화하고
연습을 거듭하면 몸은 무의식적으로 반응해요

쇠를 수십 번 빨갛게 달구웠다가 찬물에 식히는 것처럼
고난이 클수록 성취감은 커지고 희망은 더 선명해지느니

날씨는 맑음과 비 갬과 흐림 반복하고
개인 생사 부침해도 사회 성쇠 반복하며 생명체로 존속하니
진실이란 이름으로 가려진 신기루 같은 허상도
나이 들면 깨달으니 인생이란 미로 학습 반복이구나

역사는 발전과 퇴보가 반복하며 나아가는 것
인생은 탄생과 죽음이 반복하며 세대를 이어가니
원리를 알면 두려울 일도 없고 후회할 일도 없으리라

신념의 씨앗 잉태하면 반복은 범인을 천재로 만드니까요

모자의 마음

금실로 수 놓은 듯 자줏빛 원피스에
연분홍 꽃장식 모자를 쓰고
투명 베일 드리운 뒤
비스듬히 잦혀보니 깜찍하여라

수정 같은 맑고 고운 화관과 족두리
리본 두른 챙 넓은 모자를 쓰고 다녔지

산정에 머물던 붉은 빛깔 어느새 중턱까지 내려오니
혹한과 태양열로부터 얼굴과 머리를 감싸게 되었네

모지랑이 된 모자를 눌러쓰고
아이들 뒷치닥에
진눈깨비 내리는 거리를 걷는 것 같아도

명절이 돌아오니, 마음만은
옛날 그 시절로 돌아가 날아갈 것 같아라

마네킹을 보면서

화려하게 정장한 마네킹들 보고
나도 저 옷 입고 변신하리라

자신이 누구인지 모른 채
다른 사람 눈맛 좋게 마네킹 되어 따라간다
짐을 진 사람 보고 같은 짐 지고 따라간다

마네킹은 신체 사이즈가 어떻게 될까
키가 크고 쭉쭉빵빵하다
호박에 줄 긋는다고 수박이 될까

진정한 아름다움이 무엇인가요
참인간은 나다워야 하느니
마음속에 자리잡은 마네킹을 깨버리기로 했어요

나를 포장하던 모든 것에서 벗어나고 싶어요
내 몸을 있는 그대로 사랑하리라
내 몸을 사랑하지 못했던 시간을 바로 잡으리라
그래도 여전히 세상이 아름다운 것은
허멀건 바탕에 표정 없는 얼굴보다
미소 짓고 낫낫한 사람들을 더 많이 만나니까요

어둠의 시간을 버텼네

— 김근태 서거 10주기에

어둠의 시간을 버텼네
웨딩드레스 입은 딸의 손을 잡고 입장할 수 없었어요

남영동 대공분실에서 22일간 당한
혹독한 물고문 전기고문의 후유증으로
2011년 12월 30일 새벽 5시 운명했어요

힘은 민주주의에 대해 토론하고 경청하고 배려하는 것
희망을 의심할 줄 아는 진지함
희망의 근거를 찾아내려는 성실한
대안이 없음을 고백하는 용기
추상적인 도덕이 아니 현실적인
차선을 선택해가는 긴장 속에서
희망을 찾을 수 있다네

고통스러운 시간들을
비좁은 창문에 비친 해와 달과 노을
고문기술자의 시계를 통해 기억하려 애썼어요

가해자를 용서했으나
가해자는 그게 애국이었다고 하니
용서는 사람이 아니라 신의 영역이라

부모님들은 자식이 있는데도 민주화운동을 했을까?
자식을 너무도 사랑했기 때문이지요

그가 꿈꾸던 아무도 소외되지 않는 따뜻한 세상에
천천히 한 걸음씩 나아갈 수 있기를

태양

영하의 날씨 속, 곳곳의 명소에서
하늘을 붉게 물들이며 힘차게 떠오른다
산 너머 광활한 벌판에서
붉은 빛이 비집고 나오자 함성이 터져 울린다

어제나 오늘이나 태양은 다를 바가 없는데
한 해를 잘 살아야겠다는 염원을 담아
새해 일출에 열광하는 것이다

오랜 세월이 흐른 지금도
어둠 뚫고 찬란한 빛이
강렬하게
온 누리를 밝혀주고 있네요

만약에 태양이 없다면
지구도 없고 사람도 없을 것이니
언제 어디서나 누구와도 함께 하리라

하늘을 보고 두 팔을 힘껏 들어
고추보다 더 붉게

피보다 더 진하게
열심히 살아가리라 다짐하지요

흔들리다

— 산다는 것은

산다는 것이 무엇인가
흔들리고 흔들리며 망각되는 행위여라
자신만의 세계와 마주하고
더 나은 존재로 거듭나고자 하는 성찰의 흔적이네
존재의 하찮음에 좌절할지라도
흩어진 시간이 하나 되어 깊은 공간 되느니
꿈이요 신기루 같은 것일지라도
선이 모여 길이 되고
그 길을 따라 흔들리는 시간이 흘러가네
아등바등 마음이 흔들렸구나
갈대같이 흔들리고 있어도
흔들리는 공간에서 의미를 붙잡으며 살아가구나

이태석 신부

남수단의 작은 마을 톤즈
빈부의 격차가 없는 곳이다

빈貧만 있고 부富가 없어서
한국에서 볼 수 없는 두 가지에 감탄했다

금방 쏟아져 내릴 것 같은 밤하늘의 무수한 별과
손만 대면 금방 터질 것 같은
투명하고 순수한 아이들의 눈망울이었다

모기와 말라리아로 어려운 삶에도
성직자에 교육자로
의사에 지휘자까지 소화해 냈다

가져야 행복한 것처럼 착각하지만
양념과 조미료에서 나오는 것이 아닌
아무것도 넣지 않은 삶이 진정 행복한 삶이었으리라

시인이란

시인은 견디는 사람이다
추위도 더위도
사랑도 이별도
슬픔도 쓸쓸함도 죽음도
견디고 견디어서
형태 없는 흔적을 남기는 사람이다
다 살아내지 않고
남겨두는 사람이다
시와 동행하는 사람이다

어떠한 위기라도

하늘이 무너질 듯 위기가 닥치면
잠시 숨을 고르며 침착하게 생각한다

원인이 무엇인지 부족한 것은 무엇인지
바꿔야 할 점은 무엇인지
조용히 사유하는 정靜이 필요하다

상황을 악화시킬 만한 행동을 삼가고
방침이 정해지면 신속히 행동으로 옮긴다

준비를 게을리하지 않고
올바른 절차를 거쳐 동향을 살피고
기회라고 판단한 순간 재빨리 움직인다

그러면 반드시 해결된다.
시간이
지나고 보면
아무것도 아니다
하찮은 것이다

버릇

물을 포도주로 변화시켰어요
긍정적인 생각
밝은 표정으로
아름다운 말을 하는
주인을 잘 만나니
물의 얼굴이 붉어졌네요

순간 이루어진 것이 아닙니다
꿈을 가두지 않았어요
꿈의 크기는
나의 바람대로 자랍니다

말이 어떻게 시가 되나요
나는 누구인가
어디로 가고 있는가
걸으면서 바라보고
새겨듣고 읽으면서
사유하고 성찰하며
말을 부드럽게
물을 주어 촉촉하니

날마다 쑥쑥 자라납니다

만드는 것이 아니에요
살아가는 버릇이랍니다

말년의 은총

죽음은 순간의 점이 아니라
서서히 사라지는 선에 가깝다
유병장수의 시대 선은 길어지고
그 길은 구불구불 아득해진다

인생의 말년도 연장되어
상실을 통해 새로운 눈을 뜨나니
쇠약이 순리임을 이해하고
죽음을 겸허히 받아들이는 것이다

지금 살아 있음에 감사하며
밀도 있게 삶을 살아간다

참나를 만나고 친구들을 알아본다
저물어가는 인생의 곁에 있어 줄 벗
나의 이야기를 들어주고
나의 죽음을 보고 증언할 사람 누구인가
버팀목이 될 친구 말이다

생사의 경계를 넘어서 온전히 연결되는 관계
기억 속에서 시간의 향기를 빚어내는 인연 말이다

역마

역마살, 무시무시한 뜻이라
평생을 떠돌며 고생하나요
달리 생각해 봅니다
언제든지 떠날 준비 되어
적응할 수 있으며
항상 깨어 있으니까요
움직일수록 발전하고
몸에 좋은 진짜 살일 수도 있지요

충沖을 당하면 채찍을 가한 것과 같고
합合을 만나면 발을 묶는 것과 같으니
생각하기에 다름이요
행동하기 나름이네

막차

전철이 아무리 많아도 막차는 한 번뿐이다
갑자기 막차가 멈춰 서면
사람들은 걸어서 집에 가거나
하나의 공간에 묶일 수밖에 없다

눈에는 서글픈 빛이 감돌고
막차가 떠나 버린 플랫폼은 쓸쓸한 정경이지만
그들의 인생에 닥친 운행 정지는
뜻하지 않은 전환점이 되기도 한다

전철에 타고 있는 평범한 사람들은
물건처럼 조용히 실려가서
다른 곳으로 가 일을 한다

삶은 명확하게 시작된 것처럼 보이지만
내리는 비처럼 거대한 에너지의 흐름에 이끌려
어느 날 문득 시작된 것인지도 모른다

삶에 관하여
사랑에 관하여

그리고 하루에도 수없이 스쳐 지나가는
소리 없는 인연이 조용히 이야기한다

사람에겐 막차 아닌 사람이 없다
한 번 떠나면 다시는 돌아오지 못하기 때문이다

좋은 만남

만나면 반갑고 안 만나면 그리워라
어머니 손끝에서 나오는
밥과 김치 된장국

아무리 오래 가도 질리지 않네
너무 맵지도 짜지도 달지도 않은
담백한 맛이어라

나 좋으면 좋은 사람
따뜻하면 따뜻한 사람 만나니
먹고 자고 생활하는 일상이어라

시간

현재는 과거와 교감하여
미래를 잉태하고
선은 또 선을 만나며
악은 또 다른 악을 만나느니

완벽한 최후의 1초는
있을 수도 있고
없을 수도 있느니

지금 여기에서
그대는 무슨 업을 만들겠는가

역사에 빛나는 세종

세자 너는 성군이 되어라
네가 성군이 되면 나도 사람이 되고
그렇지 못하면 나는 괴물이 될 것이다

태어나니 할아버지가 왕이요
어렸을 때 큰아버지를 거쳐 아버지가 왕이었어요
목숨이 위태로운 바늘방석 같은 환경
유일한 소일거리는 독서였지요

셋째 아들인데 스물두 살에 왕세자
청천에 벽력이었고
두 달 후 왕이 되니 견습왕이라
사 년 후 상왕의 서거로 제대로 왕이 되었지요

조선의 시계와 역법으로 백성들에게 시간을 돌려주었고
성약집성방으로 전염병에 대처하였으며
세금 관련 주민투표를 실시하였고
백성이 억울한 일을 표현하도록 훈민정음을 창제하여

가문을 넘어 국가를

국가를 넘어 백성을
현재를 넘어 미래를 생각하고
공감을 얻어 행동으로 실천하시니

아버지의 사랑과 돌봄을 밑바탕에
소헌왕후의 후덕한 내조로
역사에 빛나는 성군이 되셨어요

살아남기 위하여, 정조

미치광이 사도세자의 아들
아비 사후 십사 년 만에 왕위에 오르니
살아남기 위하여 어떻게 하였나요

아바마마 뒤주에서 나오소서
할바마마 아비를 살려주소서

자강한 것이 좋으냐
게으른 것이 좋으냐
자강한 것이 좋습니다
앞으로 지켜보겠다

효장세자의 아들로 입적되고
일곱 번의 암살미수 사건을 겪어야 하는
살얼음판 위의 삶을 살았으니
살기 위하여 갈고 닦으며
스스로 강해져야 했다
백성들의 아버지로 살기로 했다

홍역 방역은 K방역의 거울이 되었고

의빈 성씨의 장례를 검소하게 지냈으며
신도시 화성을 건설하고
금난전권을 폐지했네

이십사 년 재위 기간 수 백 수 천 번
능행과 상언 격쟁을 몸소 처리하셨네
나의 백성들을 위하여 싸우지 말라
십칠년 간 간직한 금등지사* 공개했네

슬픔을 어떻게 누르셨나요
복수심을 어떻게 누르셨나요
임금이시여 당신은 행복하셨습니까?

*사도세자를 죽게 한 기록

인생

단 한 번의 생은
죽음으로 완성되는 것이다

무지개가 아름다운 건 함께 어우러지기 때문이요
배움과 가르침은 하나이니 평생 학습자로 살아간다
고르기와 엮기의 연속이다

길을 잃고 방황하던 자신을 만나기도 하고
어디로 가야 할지 찾기도 한다
지친 나에게 위안을 주고
앞으로 나아갈 동기와 힘을 주는
짧지만 긴 여운의 시를 생각한다

숨을 쉬는 한 희망은 있다
길을 찾거나 만들어라
진리는 나의 빛이다
하나는 모두를 위하여 모두는 하나를 위하여

믿음과 희망과 사랑이 함께 하면 행복에 다다르니
그중에서 으뜸은 사랑이었다
인생은 사랑이었다

2

밥은 먹었느냐

코로나 괴질에 고통받는 자영업자들
땅에 붙어 농사짓는 거칠어진 귀한 손들
어디쯤에서 헤매는 이들을 보듬을 수 있을까
밥은 먹고 다니느냐
-「밥은 먹었느냐」 중 일부

밥은 먹었느냐

밥은 먹었느냐
코로나 괴질에 고통받는 자영업자들
땅에 붙어 농사짓는 거칠어진 귀한 손들
일은 하되 임금은 스스로 만들어 내야 하는 사람들이다

농자천하지대본이란 말이 귓구멍에서 뭉개진다
농자는 천한 자가 아니다

밥은 하늘이라지만 어디 세상이 그러했나

귀한 일은 비싼 급료 받는 일이고
헐값을 받는 일은 천한 일뿐이다
농업이 그렇고 배달 일이 그렇다

어디쯤에서 헤매는 이들을 보듬을 수 있을까

밥은 먹고 다니느냐

슬픔과 함께 잘 살기

떨쳐내려 몸부림쳐도 슬픔이 일어나네
세계를 알려다가 나를 알지 못하고
자신을 알려다가 세계를 알지 못하네
기뻐서 웃다가 괴로워서 아프고
가려졌던 자디잔 감정들이 슬픔으로 뭉쳐서
떠안는 것이 아니라 떠안겨 살게 되었네
삶에서 다름과 차이를 알아보고
다른 이의 감정을 헤아려 보며
주름진 눈으로 들여다보니
성취에 대한 만족감보다
회한이나 미련이 소환되고
외면했던 지나간 시간이 애달프다
갈무리를 짓기 위해 실마리를 찾는 것처럼
실타래를 짓기 위해 실마리를 찾으면서
이제야 나를 알아가는 일이네
나를 깨우치는 길잡이 되었네
함께 하는 슬픔이

불균형의 치유

욕망과 현실의 불균형에서 고뇌가 생겨나네

영양 섭취의 불균형에서 건강의 문제가
임금과 고용 양극화는 소득 불균형이
코로나19 환자에게 장내 미생물 불균형이

세계 일류 기업과 자칭 지도자에게 보이는
화려함으로 변장한 불안한 헛것들
웃어야 하나 울어야 하나

북유럽 사람들의 행복지수, 경외로워라

가정과 일의 균형으로 휘게hygge*를 충분히 누린다
누구나 더 특별할 것 없고 마땅히 존중받아야 한다
나만 잘난 사람이 아니다

부유해서만이 아니다
평등이라는 가치를 바탕으로
인간에 대한 존중과 신뢰 공동체 문화가 뿌리내린 것

불균형은 아로마 테라피aroma therapy가 아니라도 치유가 가능하다

행복은 긍정에서 태어나고 감사를 먹고 자라 사랑으로 완성된다

*휘게(hygge) : 사랑하는 가족이나 친구와 함께 또는 혼자서 보내는 소박하고 여유로운 시간을 뜻하는 덴마크 말

무등산 의병길

옛 선조들이 의병 활동을 하며 다니던 길
제철 유적지에서 풍암제까지 구간이다
의병들이 철을 만들어 사용했던 곳
창과 검을 식히고 단련하였다는 제철 유적지

임진왜란 때 형들을 도와 의병 활동하다가
큰형 김덕홍이 금산전투에서 전사하고
작은형 김덕령이 역모의 누명으로 억울한 죽음 당하자
외지를 떠돌던 풍암 김덕보가 풍암정에 은거했다

정자 앞에는 맑은 계곡물이 흐르고
주변에는 큼직한 바위들과
가지를 길게 늘어뜨린 소나무가
마치 한 폭의 그림 같은 풍광을 자아낸다

바위와 돌 흙을 짜 맞춘 듯한 길 오르내리며
가을이면 아름답게 물드는 단풍길을 걷다가
계곡을 건너 풍암정으로 올라
의병들을 묵상하고 다시 길을 걷는다

우리는 이기기 어렵다는 것을 알고 있습니다
우리는 어차피 싸우다 죽게 되겠지요
그러나 일본의 노예가 되어 사느니
자유민으로 살다가 죽는 것이 훨씬 낫습니다

임진란 같은 국가 위기 처했을 때
직접 나서서 나라를 지킨 백성들이었다
도망가거나 굽히거나 앞잡이가 된 것이 아니었다
오랜 기간 쌓아온 우리의 멋진 전통이었다

뽀모도로(Pomodoro) 기법*

오븐에서 25분간 토마토가 열을 받으면
5분은 쉬어야지요

공부도 일도
할 때는 열심히
그러다가 쉬어야지요

수직으론 못 오르는 태산도
돌아가면 오를 수 있고
도끼를 갈아 바늘 만들고
나사를 돌려서 목판도 뚫을 수 있네

물류센터 노동자들
식사 시간 제외하면
무더위 속 휴식시간 거의 없어요

사람은 기계가 아닙니다
기계라도 견딜 수 있을까요

* 뽀모도로(Pomodoro) : 이탈리아어로 토마토라는 뜻, 토마토 모양 타이머를 이용하여 25분간 요리한 다음 5분간 쉬는 생산성 향상을 위한 시간 관리 방법

없던 일 없는 일

— 5·18 기념공원에서

없던 일 만들어서 있을 수 없는 일을 만들었지

아, 광주여 영원한 빛이어라
영령들이 묻힌 관이 들려지는 곳 바로 옆에
국가의 운명 짊어진 강건한 젊은이가
불끈 손을 쥔 비장한 소망과 기쁨을 보며
슬픔과 고난의 역사를 추모하며 예를 드린다

그날의 현장을 상기하며
참여한 분들 이름을 불러보네
횃불이 타오르네
피지 못한 아들 보듬어 안고 비통해하는 어머니

오월루에서 그날을 생각한다
남녀노소 모든 시민 주먹밥을 나눴어요
무정부 상태 며칠간 한 건의 절도나 상해가 없었으니
세계사에 유례없는 자부와 영광이라

하늘을 보라

희생된 학생들의 숭고한 정신을 계승하라

단군성조 말씀하셨네
인간을 이롭게 이理로써 다스리라
부처님은 온화한 미소로만 답하시네

없던 일이 되지 않게 없는 일을 만들어가라

5·18 자유공원에서

드높은 민주화 의지와 타오르는 열정으로
불의에 항거했던 투쟁의 자취이다

정권찬탈 기도하던 정치군인들의 강경 진압에 맞서
민주주의 지키려다 계엄군에 끌려온 이백오십여 명과
삼천여 명 시민이 잡혀 와 재판받은 곳
그들은 누군가의 가족이었고 이웃이었으며
평범한 시민이었고 학생이었다
자유와 인권을 억압받지 않는
평범한 일상을 지키기 위해 목숨을 걸었다

양손을 포승줄에 뒤로 묶여 끌려가는 시민들과
소총을 들고 지켜보는 계엄군
곤봉으로 금방이라도 내려칠 듯한 얼굴에 살기를 띄운다

보안사 정보부 경찰수사관 헌병수사관들로 구성되어
악랄하게 고문하며 충성 경쟁하였다
신음과 비명은 두려움과 공포에 떨게 하였고
매일 자술서와 진술서를 거부하면 피범벅이 되었다
영창에는 한 방에 백오십 명씩 수용하고

하루 열여섯 시간씩 정좌세를 유지하라며 두들겨 팼다

여섯 개의 감방과 감시초소 관람하고
죽음과 부활 천년의 빛 5·18을 영상으로 볼 수 있다
취조실로 사용했던 헌병대 식당은
오월 정신 계승 위한 주먹밥 나누는 체험 현장이 되었다
피해자는 수도 없이 많은데
반성과 용서를 비는 자도
가해자도 나오지 않네
왜곡 폄훼하는 무리 또한 있으니

신발 한 짝

신발 한 짝은 아무 쓸모없지만
짝이 있으면 누군가에게 쓸모가 있다

부부가 갈라서면
신발이 한 짝씩 나눠지는 것
갈라서야 할 이유보다
살아야 할 이유가 많다면
갈라서지 마라

쓸모없는 소유보다
쓸모 있는 나눔이 더 값지다
내 것은 내가 소유하는 것이 아니라
누군가와 나눌 때 진정한 소유가 된다

나에게 쓸모없는 소유가 있으면
더 늦기 전에
더 늦기 전에
차창 밖으로 던져야 하지 않겠나

운천사 마애여래좌상

암벽에 새긴 불상 덮어 지은 운천사

넓적한 얼굴에 긴 눈
우뚝 솟은 코와 두꺼운 입술
길게 늘어진 귀로
근엄한 얼굴을 한 부처님이 앉아 계셔요

서쪽 하늘에 서기瑞氣가 가득하여
원효대사가 제자를 보냈더니
큰 바위에서 빛이 솟아
불상을 새긴 것이라 전하네

머리엔 선악이 윤회하는 여섯 세계
곱슬한 머리카락
중생의 고통을 이고 있는 부처님
굵은 목과 벌어진 어깨 결가부좌 자세는
안정감과 당당한 모습
몸체와 어깨 다리와 손이 길기도 하네

두 손에 약그릇을 쥔 약사여래
병고 없이 평안한 중생의 삶을 염원하네요

용두동 지석묘

멀고도 오래 전 청동기시대를 살았던
재산과 권력 가진 지배층 사라지고
돌덩이만 남았네

북방에 흔한 탁자식이 하나
나머지 아홉은 바둑판식이에요
네 개의 받침돌 위에 덮개돌을 올렸는데
땅 위에 세우면 탁자식
땅속 돌방 위에 세우면 바둑판식이라요

죽은 상전 모시려던 민초들의 애환
덮개돌에 짓눌려 땀과 콧물 눈물 흘리며 끙끙거리네

나리, 거대한 돌무덤이 평안하신가요
멧돼지에 안 물리려 그리했는데
그때는 아무 생각 못했어
이제 와 바라보니
이슬이고 바람이며 구름이더라

감투

머리에 쓴다고 다 모자가 아니다

서양에 소개되어 패션 아이템으로 각광받았던
기능과 멋이 겸비된 모자
관복에 갖추어 쓰던 사모紗帽
텅 빈 허례 권위의식 감투란 말로 남았다

영화와 권세를 그리 많이 누리고도
왜 감투를 좋아할까

말이 무엇이길래

그릇에 따로 담은
똑같은 밥이 말을 알아들을까

아름다워요 감사합니다
미워라 짜증난다

넉 달이 지난 후에
하나는 향기나고
다른 하나 악취나네

알아듣는지
살아있는지
혼이 있는지

밥도 그러한데
반려동물에게
잡초에게
어린이에게

아름다운 말 속삭여주면

그에게서 빛이 나고
아름다운 꽃이 피었네

말이 무엇이길래

페르소나

가면 속의 어떤 소리 들린다

언제나 공정합니다
누구나 기본을 보장합니다
저만 할 수 있습니다
백옥같이 깨끗합니다
한 치도 오차 없는 사실입니다

진아인가 허상인가

혼이 없는 가면들이 열광한다
그 속엔 또 다른 자아가 있다

반쯤 웃고 반은 슬프고

왜들 반쯤 웃는지
왜들 반쯤 슬픈지

미묘한 그들의 관계를 알 수 없어요

새해에, 다시 새롭게

새해가 밝았다
새로운 소망과 다짐의 시간
어떻게 더 나은 방향으로 나아갈 수 있을까

인간관계의 소중함을 알고
타인의 아픔에 공감하며
사람의 가치를 높여보기를

인간애
인간 존중의 회복을 위하여
새해, 다시 새롭게
인권과 공감을 얘기해 보시기를

선한 찰나의 누적

사회복지회 카톡이
노숙인 쉼터에
의류와 침구류 식기류 식료품 등
생활필수품이 필요하다고

순식간에 후원자들
내 것을 보내겠소
김치와 밥과 음료수를
가져가시오

어쩌면 세상을 지탱해온 것은
정치가의 다스림이나 전쟁에서 승리나
과학 기술만이 아닌
기록되지 않은 존재들의
선한 찰나의 누적 아닐까

아픈 것도 서러운데

아픈 것도 서러운데
막대한 병원비에
집을 팔거나 치료를 포기하는 사람 있으니
국민건강보험이 있음에도 벌어지는 일이다

병원비 100만 원 상한제라면
약 600만 명이 혜택을 볼 것이며
총 병원비가 1억 원이 넘는 1만4000명도 살릴 수 있어요

필요한 예산 약 10조 원은
민간 의료 보험료의 5분의 1이면 가능하지요

공론화할 때가 되었어요
버는 만큼 납부하고
아픈 만큼 진료받는 제도를

깃발

전봇대 꼭대기에 속옷이 휘날린다

22,900V 전기가 흐르는
고압선 공사를 위하여
구두는 땅에 벗어놓고
겉옷은 발걸이에 걸어놓고

몸통은 어디로 갔나
혼은 어디로 빠졌는가

죽음의 공법 폐지하고
근로 원칙 지키겠다 약속했는데
또 그 약속 재탕한다

나도 내 게양대에
나만의 삼색 깃발 날리리라

지워진 이름이 살아와 손을 얹는다

이리 갈까 저리 갈까
망설이는 날
나보다 먼저 일어나
눈시울을 깨우는 날
마음 저쪽에서 고요히
들려오는 이름 하나 있다
해결이 필요할 때
제일 먼저 생각나는 사람
만날 수 없고 만질 수 없고
바라볼 수 없는 사람
생각만으로도 마음 안에
분홍의 꽃밭이 일렁이는 사람
이런 사람 한 번쯤 가졌으면 됐지
한 번쯤 눈 맞췄으면 됐지, 참 다행이구나
지워진 이름이 살아와 이마에 손을 얹는다, 그립다고

두더지 게임

여기저기에서 문제들이 두더지처럼 올라온다
튀어 오르는 것들이 올라오지 못하게
쉴 수 없이 두들긴다
두들겨서 될 일이 아니다

법을 어긴 정치인들
판사가 두드리는 방망이에
목이 달아나기도 하고
벌금 80만 원 이하 선고받고
가까스로 직을 유지하기도 한다

두더지는 여덟 자가 넘는 장대를 넘어야 하지만
넘지 못하면 다리가 깨지거나 저승으로 간다

두더지 게임 자체는 참 재미있는 놀이이다
느려도 되고 게을러도 되고
적당히 때리면 스트레스도 풀 수 있는데
잡으려고 사력을 다하면 기진맥진
엉덩방아 찐 두더지 신세가 된다

세상에는 선량한 존재를 두더지로 만드는
바로 그 두더지가 문제다

말

연인은
낭만과 현실 사이에서
줄타기를 한다

허물은 말에서 드러나고
대화에서 수련되며
말은 마음속 생각을 드러낸다

좋은 나무에서 좋은 열매 맺고
선한 곳간에서 선한 것이 나오느니
말을 너무 많이 하여 문제거나
해야 할 말을 하지 않아서
탈이 나기도 한다

입은 말만 하는 것은 아니고
밥도 먹고 노래도 부른다
말을 조심할 것인가 입을 조심할 것인가
이것 또한 문제이다

결국은 말이다

모든 달콤함의 근원도
모든 서운함의 근원도

마스크

전염병에 걸리지 않기 위해서
사람 모이는 곳에서는 반드시 쓰라 하지만
쓸데없는 말 하지 말라고
너무 많이 먹지 말라고
하찮은 생물의 입장도 생각해보라는
하느님의 뜻이 숨어있어요

낯이 익지 않으면 누가 누구인지
알 수 없는 세상
코와 입이 없는 사람들이 살아가네요

숨 막히고 귀찮지만
병원에 일반 환자 줄었고
법규 지키면 편하고 사고 나지 않아요

착용 전과 후 극적인 반전을
가리는 대회가 열렸어요
남자 아닌 어여쁜 처녀가 드러나고
소녀 같은 인상이 어른 되어
나타나니 웃음보가 터졌어요

코비드19가 종식되면 서로의 얼굴을
제대로 볼 수 있을 것입니다
언제일지 몰라도
그날은 반드시 올 것입니다
모든 것은 변화하고
무엇이나 지나가기 마련이니까요

투명한 유리

보고 느끼면 생각이 바뀌고
생각은 세상을 바꾸었으니
그 도구 중 하나가 바로 유리였네

집의 가장 전망 좋은 곳에
유리창을 내고 커튼을 치면
보고 싶은 마음 보여주고 싶은 마음
가리고 싶은 마음 숨고 싶은 마음들이
오묘하게 교차하며 움직여요

사방에 대형 거울로 된 정삼각형의 공간 안에서
여러 각도로 모습을 비춰볼 수 있는 방은
환상의 세상으로 이끌지요

세상을 담을 수 있고 경계가 허물어지지만
모든 경계가 허물어지는 건 아니에요
유리를 사이에 두고 너는
나를 볼 수 있지만 만질 수 없으니까요

유리병은 밀실에 들어앉아 움켜쥐는 것이 아니라
세상의 모든 빛이 통과하도록 허용하지 않나요

모래

밥은 밥이 아니라 모래알이었어요
사막에 홀로 남아 야영에 들어갑니다
나와는 상관없는 줄 알았던 오미크론에 감염되어서요
병원에서 약을 타다가 먹고 자고 먹고 자고
실컷 울어 낫는다면 울고 싶어라
사막이라고 생물이 살지 않는 건 아니에요
비가 내리면 풀이 자라고 에델바이스 무리를 지어
모랫바람에 춤을 추기도 한답니다
2주일 정도 두문불출 비몽사몽
사는 것도 아니고 죽은 것도 아니고
삶과 죽음의 중간에서 서러워하다가
걱정해준 아이들과 친구들이 있기에
지켜준 나라와 의술이 있기에
사막에 비가 내리고 무지개 뜨고 신기루가 나타났어요
모래알은 씹을 수 있는 밥이 되었어요

편견

신념은 자신도 모르게 학습된 편견일 수 있어요

그들은 따로 따로 놀아요
그 동네에 가봤어요?
더럽고 위험해서 밤에 거리를 나다닐 수 없다니까
저들이 들어오면 집값이 떨어질 수밖에 없지

허구이거나 부풀려진 부정적 이미지에 갇혀
편견과 차별의 대상이 되는 그들은 누구인가
나치 독일의 유대인 미국의 흑인
일제강점기의 재일 조선인이 그들이었고
지금 한국 사회에선
중국동포 탈북민 난민 성 소수자 여성 가난한 사람들이
그들의 자리에 있어요

까만 얼굴과 하얀 얼굴
어떤 얼굴이든 존재하는 게 마땅하니
잘못된 피부색은 없어요
편견이 있을 뿐이니
편견에 맞서 싸운다

다른 사람에 대한 내가 가진 편견이다

나에 대한 다른 사람의 편견
다른 사람에 대한 나의 편견
모두가 우리가 해소해야 할 대상이 아닐까

추억

새겨두려 하지 않았지만
아름다운 미소가 저절로 나오네
보이지 않아서 설명하기 어려워요
정성으로 보살피면 뿌리 내리는 것
만들 수도 없고 생기지도 않는다
필름처럼 돌아가도
줄거리가 없으니 영화는 아니다
폭풍우 지나면 바다는 고요하고
어둠에는 빛이 따라왔다
산이 높으면 골짜기가 깊은 법
음양 공존 알기에 참으면서 기다리니
얽힌 실타래가 풀리고 강물처럼 흘러가요
드라마 같은 추억을 쌓아가며
내일을 맞이한다
모든 것은 지나가기 마련이다
그래도 따스한 기억과 친근한 그리움
감사와 은총이며 신비한 사랑이어라

3

우리집 포도나무

한식 무렵 연보라 잎눈이 보인다
갓난아기가 방긋방긋 웃는다
이 아이를 보기 위해 보고 또 보지요
-「우리집 포도나무」 중 일부

우리집 포도나무

생애 처음으로 집을 장만하고 손수 심은 포도나무 한 그루
일년 내내 기쁨과 행복을 안겨준다
우수 무렵 온몸의 때를 벗겨내고 엉클어진 털을 자른다
목욕관리사가 되고 미용사가 되어 정성스럽게 다듬고 다듬는다
나무보다 내가 더 시원하다
한식 무렵 연보라 잎눈이 보인다
갓난아기가 방긋방긋 웃는다
이 아이를 보기 위해 보고 또 보지요
줄기가 벋어 가지로 자라면 잎이 무성해진다
물을 빨아 올리고 탄소를 내뿜고 산소를 들이마시어
햇빛 에너지로 영양분을 생성한다
땀을 뻘뻘 흘리며 일하는 모습
유능한 생산자임에 경외감을 느낀다
꽃눈 나와 꽃 피우고 열매를 맺어
처서쯤에 청포도가 주렁주렁 탐스럽다
멀리서 오는 가마 타고 오실 손님
공주님 대접하려고 쟁반과 하얀 모시 수건을 준비하련다*
지인들이 보고 가며 감동하며 응원한다

탱탱하고 단맛이 최고일 때 수확해야 한다
올해는 10여 가족 입맛을 돋우어야 하겠다
멀리 사는 자녀와 손주들이 맛보지 못해 아쉽고도 아쉽다
가을이 오면 단풍 들고 잎을 떨궈 추위에 대비하며
휴식과 사유로 내년을 준비한다
나 또한 나무에서 얻는 경험과 성찰로 나이 들어 성숙해가니
아파트로 이사 가지 못하는 이유는 바로 포도나무 때문이기도 하다

*이육사의 시 청포도

모과

과일전 망신은 모과가 시킨다는 말 누가 지어냈나요?
찬찬히 뜯어보면 울퉁불퉁한 못난이가 아니에요
오히려 매끈매끈한 연노랑 피부가 매력이고
은은하고 그윽한 향으로 다가오지 않나요?

나무에 달린 참외, 이름 또한 얼마나 좋아요
크기와 모양에서부터 색깔까지 참외를 쏙 빼닮았으니까요
약재에서부터 모과차와 모과주까지
베풀어준 것 이상으로 보답하는 의리는 어떻습니까

살구는 한 가지 이익이 있고
배는 두 가지 이익이 있지만
모과는 백 가지 이익이 있다고들 하지요

금쪽같은 자식을 멀리 시집 보내고 싶지 않아
내 아래 떨어진 열매 안 씨앗들은
챙겨준 영양소로 새로운 삶을 시작합니다

봄에 피는 연홍색 꽃

흰 무늬 들어 있는 나무껍질에 반하여
가정이나 공원에 심어 바라보지 않나요?

백 년도 못사는 인간들이여
천 년 이상 장수하는 나에게도 깊은 생각 있어요

양귀비

원래 이름 양옥환楊玉環, 호칭이 귀비여라
당시의 미인 표준 풍만한 몸매
비파를 연주하며 나비같이 춤을 추어
임금이 넋 나가니 경국지색이요
전란에 눈물로 처형되니
미인박명 실증했네

당대 최고 미인 양귀비에
비견되는 아름다운 꽃이여
털은 어이 없앴으며 가지는 위쪽에서 갈라지나
달걀꼴로 어긋나며 깊이 패인 톱니 모양
줄기를 반 정도 감싸는 회청색 잎은 어인 일인가

밑으로 처져있던 꽃봉오리
피고나니 당당하다
무르익은 봄에는 백옥처럼 하얀 꽃이
홍색이며 홍자색과 자주색
여러 빛깔로 피어나 위를 향해 달렸구나
하루 동안만 활짝 피었다가 사라지는 아쉬움이여

보고 즐기며 반찬으로 약재로 효용 또한 가지가지
꽃이나 귀비나 어찌 그리 닮았는가
아름다움 도가 넘어
뭇 사내 울리는 애달픈 사연이여

봉숭아 꽃

매미소리 구슬픈 여름날 오후
고향집 장독대 봉숭아꽃이 피면
어머니와 누님들 손톱에 꽃물이 들고
눈에서는 별빛이 초롱초롱 빛났습니다

꽃씨가 날아와 우리집에서
싹이 트고 꽃이 피었습니다
어머니와 누님들이 소곤소곤 속삭입니다
올해도 별빛이 초롱초롱 꽃물이 스며듭니다

입가에는 잔잔한 미소가 번지고
눈에는 촉촉한 이슬이 맺히곤 합니다
나이가 들수록 마음은 고향으로 갑니다

거칠어지는 지구의 호흡

연례행사로 건강검진을 한다
문제 찾아 고치고
건강하게 살고 싶어서

지구의 건강 상태는 어떠할까
구성요소의 상호작용 결과물
바로 이산화탄소이다

지구는 과호흡 상태이다
체온은 올라갔고 호흡은 거칠어졌다
공포나 흥분의 상태
건강 상태 때문에 발생할 수 있다

내 친구가, 동료가, 가족이
열이 나고 호흡이 가빠진다면
그냥 지켜만 볼 것인가

지구의 건강을 위해
우리는 무엇을 할까
나는 무엇을 할까

내 맘의 봄

연하고 향기로운 미나리와 어린 쑥이 나왔어요
미나리론 무침과 전 부쳐 먹고
쑥으론 개떡도 해 먹을 수 있어요
매화 동백 꽃봉오리 찢어질 듯 풍만하고
언제든 씨 뿌리고 모종하는 시절에
얼굴에 함박꽃이 피었다고 하네요
추위를 응결시켜
화원에는 꽃도 만발했어요
따스한 기운이 전해지니
한겨울이라 하지만 은근슬쩍
내 마음에 봄이 성큼 다가왔어요

입춘

노란 복수초가 쌓인 눈을
비집고 고개 내미니
매화는 꽃망울 터트리고
유채꽃도 어김없이 봄 인사한다

칼바람이 매섭지만
봄은 어느덧 성큼 다가와 있다

오신채로 입맛 돋우고
입춘축 붙이며 기원한다
어깨를 부대끼며 찾아온 봄을
마음껏 즐길 수 있기를

무등산 순례길

무등산 가파른 능선 아래 가느다란 숲길 따라
원효사 장불재 입석대 천왕봉 석불암 규봉암

봉우리 암자 돌고 돌아 마음 비우니
무등산이 품에 안겼다

온통 짙푸른 이끼로 가득한 서늘한 숲의 정취
무등산 주능선을 내다보는 호쾌한 전망
고즈넉한 암자에 서려 있는 맑은 정신 만난다

때 묻은 몸은 땀과 바람으로 씻고
때 묻은 마음일랑 찬물 한 바가지로 닦아낸다

길을 통해 삶을 배우는 것이지요

자연을 거닐며 깨달음을 얻는 것이지요

제주도 갯무꽃

쓸모와는 상관없이 피워내는 화려하고
아름다운 꽃 있으니 제주도 갯무꽃이다

앞에 '개'자가 들어가는 식물
개복숭아와 개살구처럼
쓸모가 부족하다는 뜻이지만

노랑 유채꽃도 아니고
붉은 동백꽃도 아니지만
나만의 보라색이라

궁핍했던 시절에 붙은 이름
야생성에 더 사랑받는다

신기한 바다 풍경에 빠져 있을 때
해녀들의 숨소리가 파도소리에 섞여 들어온다
평생 물질을 하며 살아온 팍팍한 인생이
파도에 씻겨나간 설움의 시간이 고스란히 다가온다

신비로운 보랏빛 향기가 하늘과 바다에 맞닿아 있다

매화

눈보라 속에서도
고고히 꽃 피우고

맑은 향기 내뿜으니
사군자 중 맨 앞이라

얘야, 매화 향이 나느냐
아무나 느끼는 게 아니다
느끼려 해야 느끼니라

눈썹달

마스크 위에 눈썹달
살짝 피운 매화로다

퇴계 선생 그리워한
두향이를 보는 듯

만나면 미소짓고
헤어지면 아쉬어도

그리움을 간직한 채
내일을 기다리네

풍암호수공원

저수지 임무 다하고 도심 속에 자리잡은 호수공원
장미원과 식물원이 함께한 서구 8경 하나이다
화합의 뜻을 담은 조형물이 풍암호를 상징해요

동백꽃과 벚꽃 철쭉 다투어 봄소식을 알리고
초봄에는 노랑 꽃창포가 환하게 환영한 후
넝쿨장미 이어받아 배롱나무에게 인계하면
습지에서 부처꽃이 복지으라 덕담한다
날마다 피고지고 연이어 피고지고

연초록 버들잎을 마음에 담아간 후
장미원에 꽃들이 만개하면
벌도 많고 향기가 십 리까지 진동한다
장미가 눈에 밟혀 먼 길을 마다 않지

햇볕 따가우면 포도터널 등나무터널 속에
솔솔솔 바람이 더운 땀을 식혀주네
위쪽엔 수생식물 어류가 풍부하고
여름이면 수련과 물푸레도 피어나요
온실식물원 작은 연못 어우러진 생태체험 학습장

전통 정자 인공폭포 분수대에 반해 치유 느끼며
연인들과 가족들이 가벼운 마음으로 나들이해요

자연의 아름다움 새소리 매미 소리
중앙공원 배경으로 벤치에 앉으면
무등산이 나타나서
어머니 같은 인자한 모습으로 포근하게 안아줘요

해당화

바닷가를 걷다가
파도에 휩쓸린 여인 구하고
남자는 돌아오지 못했네

눈물이 떨어진 곳마다
자라난 것은 해당화였으니
그리움이 슬픔과 원망이
눈물 속에 녹아라

모래밭은 고향 되고
드넓은 바다 바라보며
모래땅에 뿌리를 묻고 산다
반짝이는 별을 보며 시름 달랜다

목련

혹한이 어제인데
고개를 들어 보니
가지마다 소복소복

낮에는 우아함이
대갓집 마님 같고
으스름 달밤에는
애잔함이 깃들어라

나무에 피는 연꽃
부처님 미소가
은은하게 배어있네

미소 짓는 그 모습을
내 마음 깊은 곳에
새겨두고 싶어요

홍도 낙조

깃대봉을 뒤로한 바닷가
우산살 같은 빛살이 뻗어 내리더니
빛나는 얼굴이 해맑게 웃음 짓네
수줍은 듯 기억의 안쪽으로 집어넣고
여기 있어요 앉아서 즐기세요

진홍색 접시가 빠져들어가는 한 순간
젖 먹던 힘까지 다하는 모습에
깊은 숨을 마시며 회한에 잠기니
식어가는 숨소리 희미한 숨결로
슬퍼하지 말아요 하룻밤만 지나면
다시 희망을 보아요

생일도에서

백운산 정상에 오르면 그곳이
바로 선계임을 알 수 있어요

티끌 하나 없는 바다는 거울
수평선 산위에 새털구름 걸려있고
갈매기 한 마리가 외로이 날아가네

숲속에서 꽃들이 박수 치고
새들이 노래하면
하늘과 바다와 섬들이 동그랗게 둘러싸요

보살계의 오늘과 앞날을
멀리서 바라보면
낯선 그리움이 파도 되어 철썩이네요
차가운 해류에 갇힌 나처럼

갈대

산들바람에는 솜사탕같이
귀밑에서 나직나직 속삭이는
어머니 마음이요

비 맞으면 휘청대고
강한 바람에 흔들려도
쉽게 꺾이지 않는
믿음직스러운 존재여라

언제쯤 그대 같은
고운 임이 오시려나
기다립니다

장미원에서

화려하고 탐스러운 장미에 눈이 즐겁고
그 향기에 콧구멍이 벌른거리네

수수한 아카시아 향기에 혼을 빼겨요

장미와 아카시아가 아무리 뛰어나다 해도
그대의 자태와 향기에 비견할 수 있나요

꽃과 향기는 열흘을 못 넘기지만
나이 들면 들수록, 그대는
노을보다 빛나고 꽃보다 아름다워라

자르르한 맵시에 내 가슴만 두근거려요

나비 춤추다

— 함평 나비 축제에서

잠들지 않고 죽지 않고 살아서
깨어나 춤을 춘다

나뭇가지에는 이파리들이
생태관 천장에선 그림자가
황금박쥐도 한 몫한다

패튜니아 꽃잎이 꽃탑에서 나빌리고
양귀비 꽃잎이 마당에서 날개 펴면
금어초 디기탈리스 루피너스 시녀 되어 부축하고
애벌레 번데기 장수풍뎅이 박스 안에서 느릿느릿 춤추고
하우스에 갇혔던 나비들이 마당에 나왔다

이십사 년 만에 처음이다
흰나비 노랑나비와 벌들이 나풀나풀 춤을 춘다
어린아이 그 시절 그리운 나비들 오랜만이다

반가움과 경외로움에 말문 잠근다

요강바위

용궐산 삼형제바위에서
내려다본 섬진강 요강바위
바위는 남성이요 요강은 여성이라
자연의 조화로다

장군이 대좌하는 장군목에
쭈그리고 앉아있네
아이 못 낳은 여인들 치성들여 잉태하고
전란에는 숨어들어 목숨을 부지했네

큰돈 벌려고 도선생이 실어갔는데
주민들의 노력으로 제자리에 돌아왔네

여성들이 눈 오줌 강물이 되어
광양만 흘러흘러 남해 바다 이르니
스쳐간 나그네 생각하며
다음에 올 나그네를 그리네

* 요강바위 : 순창군 동계면 장군목 섬진강에 있는 바위

컵에 대한 헌사

무엇으로 만들어도 용도는 같아요

귀한 손님 모실 때는 크리스탈 컵을
편의점에선 종이컵을 사용하죠

누군가 억지로 구부리지 않는다면 쓰레기는 아니에요
생명의 물을 담는 지구의 작은 그릇이라오

음식을 먹으려면 고개를 수그리고
물을 마시려면 컵을 입에 기울이니
음식은 숭배하면서 먹고
물은 귀한 손님 맞이하듯 마시지요

채워서 넘칠 때보다 비워둘 때가 많으니
사람보다 지혜롭고 마음은 바다 같아요

소중한 존재인 종이컵을 함부로 버리지 마세요
유리컵이나 종이컵이나 존귀함에 차별 없으니까요

노인건강타운 오억이네

형아야, 우리를 왜 오억이네라 부르나?
우리를 데려오면서 그만큼 많은 비용을 들였기 때문이란다

원래 이름이 뭔데?
소나무 아니냐

우리는 고향에서 온갖 동물 식물들과 오순도순 어울려 살았지
포크레인 발톱이 뿌리를 사정없이 할퀴고 새끼로 둘둘 감아 트럭에 실려 덜커덩덜커덩 숨넘어가는 줄 알았어
어쩔 땐 갈증에 어쩔 땐 물속에 묻혀서 혼이 났어
열여섯 형제가 강제로 끌려왔어

생각이 있는 어르신들이 우리를 그렇게 부른 거야
짠하다고
남의 일이 아니라고

(이파리가 시들시들 말라 분홍빛으로 변하자 오억이네는 허리가 전기톱으로 잘려지고 고무줄로 얽어매어졌다)

4

자신을 향기롭게 세상을 향기롭게

같은 물이라도
사람에 따라서
냄새도 나고 향기도 납니다
-「자신을 향기롭게 세상을 향기롭게」 중 일부

자신을 향기롭게 세상을 향기롭게

물은 요술쟁이
백포도 넣으면 백포도주
적포도 넣으면 적포도주
얼굴이 붉으락푸르락
색깔이 변합니다

같은 물이라도
사람에 따라서
냄새도 나고 향기도 납니다

기쁨과 여유로움으로
낫낫하게 살 수도 있고
쫓긴 듯 부딪치며 살아갈 수도 있어요

자신을 향기롭게 세상을 향기롭게
항아리에 깨끗한 물을 항상 채워놓기를

봉쇄수녀원

봉쇄는 갇혀 있는 것이 아니다

홀로 또는 함께 하느님을 만날 수 있는
침묵과 비밀의 공간을 지키는 것
봉쇄 속에서 마음을 더 넓히고
세상의 모든 근심과 고통받는 사람들을 위해서이다

대체 하느님이 어떤 분이시기에
자신의 삶을 가둘 가치가 있을까
세상의 모든 아름답고 흥미로운 것들을 버리고
모두 포기할만한 가치가 있는 하느님은 대체 누구신가

자신의 삶을 선하게 만드는 건
스스로에게 달려있어요
당신 안에서 찾을 수 있어요
자신의 소리에 귀를 기울이세요
길을 찾을 수 있을 거예요

어떻게든 하느님 찾을 수 있을 거예요
말 한마디, 누군가와 만남이나
스치는 미소에서도

천사의 시

— 재불화가 김인중 신부의 스테인드글라스

하늘에 쓴 시요
천사가 그린 그림이다

총도 아니고 칼도 아니지만
나이프로 악마의 아가리를 찢는 기분으로
어둠을 씻어낸다
붉은 색은 예수님의 피와 성령을
푸른 색은 성모님의 순결과 소망을 표현한다
서양의 나이프와 동양의 붓으로
태어나는 환상적인 작품이다

하느님의 빛은 꺼지지 않는 희망
그 빛을 우리 가슴에 닿도록
그 빛을 우리 가슴에 안도록
가슴 속에 받는 상처와
자신에 대한 불만을 광명으로 씻어내는 것

하느님의 빛은 한 점의 티끌도 없는 사랑
그 빛으로 상처받은 이들의 마음을 어루만질 수 있도록

형상이 없는 색채가 이루는 원초적인 단순함으로
하느님의 빛을 향하여 눈을 뜨고
형상을 떠난 자유로움
어떠한 주장이나 선동도 없는 온전함이다

색깔이 아무리 고와도 빛의 생채기
색깔도 사라지고 빛만 남는다
소리 없는 음악
바람과 내 그림자까지
이 그림자도 언젠가는 사라지고 빛만 남겠지

베들레헴에서 별이 빛나는 밤에

— 주님 공현 대축일

공적으로 당신의 모습을 드러내 보이신 날
아기 예수님의 신성을 고백하는 축일이니
인간으로 태어나는 순간
인성과 천주성을 갖춘 분이라는 고백이지요

천지의 창조주만이 아니라
중생의 구원을 위해 인간
세상에 뛰어드신 하느님
이스라엘만 아니라
온 세상 사람들에게 첫선을 보인 날이라

성탄 대축일에는 비천함이 드러나고
공현 대축일에는 위대하심이 강조되니
비천하게 보이지만 왕중의 왕이라 우러릅니다

두려워하지 마라

대문에 개조심이라는 써 있어
무서워 들어가지 못했다

주인마님의 인도에 따라 안으로 들어가니
사나운 게 아니라 온순한 개였다
두려운 것은 개가 아니라
개조심이라는 말이 아닐까

저는 죄 많은 사람입니다
두렵습니다
저에게서 떠나 주십시오

두려워하지 마라
너는 사람을 낚는 사람이 되려니

헛것을 두려워하지는 않는지

정과 친절에 관하여

무한한 정과 친절은
상상할 수 없는 존재
사랑이시니
그분이 바로 부처님이요 하느님이시다

보일 듯 보이지 않고
잡힐 듯 잡히지 않지만
깊숙이 은근슬쩍 나타나
느끼는 마음이 움직이는 것이요

어떠한 대가가 아니라
필요한 사람에게 도움 되며
사회의 약이 되니
너그럽고 부드럽고 여유로움이어라

받아서 주는 것이 아니라
주어서 되돌아오느니
사람에서 사람으로
나라에서 나라로
세상에서 세상으로

정과 친절은 전염되는 것이라네
세계를 아름다운 모습으로 이끄는 것이라네

예수님의 모습을 살려 나가기를

어설프게 알면
참된 신앙에 걸림돌이니
타성에 젖거나 선입견과
오만함과 교만에 빠질 수가 있어요.

어설프면 참으로 위험하고
냉담하면 돌아오기 어려우니
믿음은 나날이 새롭고 참되도록
묵상과 성찰 반성과 회개를 통해
마음과 영혼의 그릇을
자주 비우고 새롭게 해야겠지요

새롭게 출발한다는 각오로
소명을 잊지 말고
자신에게서 예수님의 모습을 살려 나가기를.

행복

당신은 행복하십니까

돈이 행복하게 할까요
돈이 너무 적어도 너무 많아도
사는 게 재미가 없다는 것은 비슷하지요
너무 적으면 살기가 고통스럽고
너무 많으면 아무리 뭘 사고 먹고 마셔도
나중엔 시시해져 버리니까요

행복하여라 가난한 사람들
하느님의 나라가 너희들 것이다
하느님의 잣대로 보면 그러하지요

행복은 순간의 기분이지만
행복한 것은 좋은 삶이지요
하느님 안에 하느님을 닮은
사람이 행복한 사람이지요

신앙인으로서
하느님 안에
진정 행복하십니까

무엇을 보고 있는가

그릇된 믿음이 잘못된 길로 인도할 수 있으니
우리가 보는 너와 나
세상과 하느님은 진짜가 아닐 수 있어요

2000년 전에도 하느님의 아들을 알아보지 못했으니
영적인 마음의 눈을 뜨지 못했기 때문이지요

참된 사랑이 아닌
이기적인 사랑은 서로를 질식시킬 뿐이에요

지금 눈을 뜨고 있는가
제대로 보고 있는가
재물 권세 명예만을 보고 있지는 않는가
애벌레가 나비의 꿈을 잊지는 않았는가

사랑의 눈으로
예수님의 눈으로 바라보면
모든 것이 아름답지 않을까

재의 수요일

흙에서 왔으니 흙으로 다시 돌아갈 것을 생각하여라

회개하고 복음을 믿어라
인간 존재의 진실을 상기시켜 주느니라
마음을 다하여 나에게 돌아오라

자선기도 그리고 단식
이 세 가지 실천에서 일어나는 유혹은 위선이니
자선을 베풀 때에는 스스로 나팔을 불지 마라

하느님과 화해하세요

인간은 회개와 회심이 필요한 창조물일 뿐
탕자가 그러했듯이 하느님의 품으로 돌아오너라

하느님을 믿고 하느님께 맡기라고 하는 격려이니라

유혹

예수님께서는 광야에서 악마의 세 가지 유혹을 물리치셨네

빵을 통한 생존의 유혹
하느님 이외의 다른 것을 섬기려는 유혹
하느님을 시험하려는 유혹이지요

사랑하는 사람을 자유롭게 해주는 것
사랑하는 사람이 성장하기를 기다리며
내 마음대로 하지 않는 것은
빵의 유혹을 이겨내는 자세가 아닌가요

재물의 우상 명예의 우상 권력의 우상은
예수님 섬김을 멀어지게 하는 것들이지요

자신을 무시하거나 존중하지 않는 이들이게
참을 수 없는 분노와 닫힌 마음은
하느님을 시험하려는 유혹이 아닌가요

영적인 삶 안에서 사막과 광야도 필요해요
텅 비어 있음은 채워줄 수 있기 때문이니까

유혹을 물리치는 것은 하느님 말씀과 순종이라네

이정표

'무돌길'을 삼일 동안 '빛고을 산들길'을 구일 동안 돌아보았어요
이정표가 없다면 산과 들 거리를 헤매고 다녔겠지요

이곳에서 저곳으로 향하는 그리움이 형체를 갖춘다면
그것 또한 이정표의 하나일 것입니다
세상을 내가 걷지만 여럿이 함께 가고 있어요

정해진 길, 보이지 않는 이정표를 따라 갑니다

개별화된 무한 경쟁이 위기의 근원이라면
따뜻한 협동과 자연 생태와 사람들의 공생이
인류 구원의 이정표가 되지 않을까요

생의 능선을 따라 걸으면서
눈을 들어 본 그곳에 우리보다 먼저
그 길을 걸으신 예수님을 봅니다
예수님이 걸으셨던 길을 따라 걷다 보면
오늘 나의 삶에 이정표가 되는 진리를 발견하고

삶의 단계마다 하나님의 뜻에 따라 살게 해주는 믿음에 젖어듭니다
주님의 이정표를 따라 걸으며 삶을 배웁니다

나의 발자취에 따라 우리 아이들이 걸어옵니다

겸손한 응답

— 요셉 성인 대축일

꿈보다 해몽이 나으니
꿈을 다스릴 줄 알면 아무 문제가 없지요

결혼 전에 잉태한 사실이 드러났는데
주님의 천사가 꿈에 나타나

두려워하지 말고 마리아를 아내로 맞아들여라
성령으로 인하여 잉태된 아기이니 예수라고 하여라
그분께서 당신 백성을 죄에서 구원하실 것이다

믿음이 없이는 받아들일 수 없어요
역사는 하느님의 은총과 인간의 협력으로 이루어지느니
하느님의 뜻을 따른 것이지요

예수는
하느님은 구원이시다
하느님은 구세주시다

믿으면 질문이 없고, 믿지 않으면 대답이 없어

침묵으로, 믿음의 응답으로 살아야 한다
성인의 침묵은 받아들이는 겸손의 응답이며
내 일을 맡기는 적극적인 투신
성인의 묵묵함과 우직함을 배워야겠어요

치유의 손

방종한 생활로 가진 것을 모두 탕진한 후 돌아온 작은 아들
아버지 저는 하늘과 아버지께 죄를 지었습니다

아버지는 기뻐하며 큰 잔치를 벌이니
평소에 할 일을 했다는 큰아들은 불만스러웠어요

얘야 너는 늘 나와 함께 있고 내 것이 다 네 것이다
네 아우는 죽었다가 살아났고 나는 잃었던 아들을 다시 찾았다

진심으로 회개한 아들을 껴안은 손은
투박한 아버지와 손과 인자한 어머니의 손
용서와 화해 치유의 손이었다

평화의 왕
— 주님 수난 성지 주일에

만왕의 왕이요 세상의 구원자로서
예수님은 세속의 기대와 갈망을 버리고
준수한 백마가 아니라 어린 나귀를 타고 오셨으니
정치적 해방자가 아니라 평화의 왕이기 때문입니다

침묵 속에 숨어서 병든 이
독거노인 장애인을 섬기며
자기 자신을 희생하는 사람들은
길 위에서 예수님을 따릅니다

당신 자신을 낮추시어
하느님의 길을 보여주는 놀라운 길
부활절로 우리를 이끄는 성주간엔
주님께서 당하신 치욕의 길을 걸어가야
우리에게 성스러운 주간이 될 것입니다

파스카 성야

주님께서 참으로 부활하셨도다
알렐루야! 알렐루야!

천지창조에서 부활로 이어지는 말씀을 통해
수천 년간 경험한 놀라운 섭리를 접합니다
말씀 전례가 중요한 파스카 성야입니다

빛의 예식과 세례 갱신 예식 덧붙여서
구원과 희망의 빛으로
우리에게 오신 예수님을 선포합니다

주님은 먼저 갈릴래아로 가실 터이니
여러분은 거기에서 뵙게 될 것입니다

우리의 삶의 자리는
부활하신 주님을 만날 장소입니다

50일간 펼쳐질 부활시기에
변화를 체험하는 은총의 때가 되어야 합니다

예수님의 부활을 받아들이려면
마음 안에 큰 지진이 일어나야 합니다

행복하신가요

뉴스를 보지 않아요
마음이 아파서요

행복하냐고 물으셨나요

그래도 행복하다고 말하겠어요

음주운전자나 초보운전자가 모는 차를
들쥐들이 우르르 따라가도
묵묵히 살아가는 꿀벌이나 개미들과
함께 하기 때문입니다

요란한 소비주의와
편협한 자기본능이
춤추는 세상에서
가난한 사람과 어울려
가난한 마음으로 살아가기 때문입니다

윗물이 혼탁해도 아랫물은 맑으니까요

누구를 섬길 것인가

선택과 결단을 해야 할 때다
우상과 하느님 중 양자택일이다
야훼와 그 외의 다른 신들 중 누구를 섬길 것인가

생명의 빵에 관한 믿음은
체험이나 깨달음이 아니라
선택과 결단을 요구하는 믿음이요
이성의 문제가 아니라 의지의 문제라
인생은 탄생Birth과 죽음Death사이의 선택Choice이며
선택엔 자유가 있고 책임이 따르나니
순간의 선택이 평생을 좌우한다

우연은 없다
좋은 선택은 좋은 인생을 만든다
신앙에는 그 그림자인 의심이 따르기에
그것을 넘어서는 결단이 요구되는 것이다

누구를 섬길 것인가

(주님, 저희가 누구에게 가겠습니까
주님께는 영원한 생명의 말씀이 있습니다)

어디서 무엇을 하고 있는가

진리이신 예수님은 어디에 계실까요

나는 진리를 증언하려고 세상에 왔다
진리를 따른 자 내 목소리 듣는다

주님은 진리의 주체요
진리에 따라 통치하러 오셨으니
진리는 하느님 나라의 진리니라

기득권자들 위한 통치가 아니라
사랑의 통치이니
사랑과 생명의 주인이신 하느님을 모시고
모든 이가 구원에 이르는
행복을 누리도록 이끄는 통치이니라

예수님의 말씀과 행적 모두가 진리니라
진리는 사랑과 생명이요
정의와 희망이며 부활이니라

예수님은 내 안에 계셔야 하고

내 삶의 이유이며
진리를 드러내야 할 것이다

그리스도인들은 어디서 무엇을 하고 있는가

말과 실천

구호를 외친다
하느님을 위하여
백성들을 위하여

입술로 말하고
마음이 떠나 있는 경우는
아예 모르는 것보다 더 못할 수도 있는데
율법만능주의는 형식을 중히 여긴다

전통과 관행 율법이 아니라
은총과 말씀으로 구원받느니
말씀을 실천하는 것이 참된 신앙인의 자세라네

법보다 사랑을
형식보다 내용을 중시하여
하느님을 섬기고
이웃을 아끼는 일에
최선을 다하여야 할 것이라

언택트

코로나 팬데믹으로 세상이 변했다
거대한 변화 속에 언택트가 일상이 되고 있으니
잠시 지나가는 회오리가 아니다

진정한 리더는 위기에 빛난다
멀리서 달려오는 회색 코뿔소가 아니라
갑자기 어디선가 튀어나올 수 있는
검은 백조를 보는 눈을 보아야,

넥스트 노멀
자신의 내면에 대면해야 한다
가장 가까운 사람에게 사랑받고 있는지
내가 사람들을 진정으로 사랑하고 있는지

코로나19는 디지털 가속페달을 밟게 하였으니
변화하는 사회에 적응해야 한다
세상의 중심에 사람이 있다
최고의 가치는 사람이기 때문이다

당신이 천주교인이오?

당신이 천주교인이오?
그렇소

믿음과 희망을 주님께 두고
그 사랑에 응답하려
성 김대건 안드레아 신부님이 대답했어요

사람은 단 한 번은 죽게 마련
그 뒤에 심판을 받게 되지요
맞닥뜨릴 죽음 떠올리며
소중하고 가치 있게
내 삶을 가꾸어야지요

그리스도인 정신으로 불타올라
누룩처럼 세상 안에서
사도직 수행하란 부름받았으니까요

죽음이 끝이 아니라
하느님 곁에서 누리는
영원한 삶과 행복의 시작이지요

당신은 천주교인가요?

하느님 품안에 안기려면

믿고 힘을 빼야
무엇인가 할 수 있지요

물에 뜰 수 있다는 믿음과
힘을 빼고 몸을 물에 맡겨야
수영을 할 수 있어요

어린애는 불편하면 뒤척이고
편안하면 엄마 품에 포근히 잠들어요
엄마에 대한 믿음이 있기 때문이지요
힘을 주면 잠들지 못합니다

힘껏 휘두른다고
항상 홈런을 치는 게 아니지요
수영이나 야구나
원리를 습득한 후
피나는 연습의 결과이지요

하느님 품안에 안기려면
어떻게 해야 할까요

공자가 말하였다.

남이 나를 알아주지 않는다고
불평치 말고
내가 남을 알지 못함을
걱정하라.

"

아리스토텔레스는 말하였다.

사람은 단순히 알고 있는 것에
지혜로운 사람이 되는 것이 아니라,
그것을 실천할 수 있는
사람임에 의해 그렇게 되는 것이다.

"